AF253533

3
Lm 893

Conserver la Couverture

MÉMOIRE

SUR LA

MAISON DE VAUCOCOUR

AVEC DOCUMENTS AUTHENTIQUES

DÉPÔT LÉGAL
Dordogne
N° 28
1862

« Un paon muait,
» Un geai prit son plumage. »

(LAFONTAINE, liv. IV, fab. IX.)

PÉRIGUEUX

IMPRIMERIE D'AUGUSTE BOUCHARIE, RUE AUBERGERIE, 17.

1862

MÉMOIRE

SUR LA

MAISON DE VAUCOCOUR

I

. . . .
« A nos yeux, l'illégalité du noble qui prend
» un titre qui ne lui appartient pas, est aussi
» flagrante que celle de l'individu qui veut,
» n'étant pas noble, s'anoblir en prenant la
» particule DE. »

. . . .
« La morale, la conscience publique, deman-
» dent que le gouvernement fasse bonne et
» prompte justice de toutes ces fraudes opé-
» rées avec une effronterie révoltante. »
(Extrait du *Moniteur*. — M. le baron de
Vincent au Sénat, séance du 17 avril 1861.)

Héritier du sang et testamentaire de l'ancienne famille de
Vaucocour, qui s'est continuée en ligne directe jusqu'à 1847
(*Voir les archives de l'état-civil et du tribunal de Tours*), nous
croyions, ainsi que les autres descendants de cette maison,
avoir le droit exclusif de conserver son nom et ses titres
comme une propriété de famille transmise, pure et sans tache,
par vingt générations, lorsqu'il nous fut révélé, il y a quelques
mois, dans l'*Echo de Vésone*, que d'autres personnes non-seu-
lement revendiquaient ce qui nous était acquis par les liens
du sang, mais encore avaient fait de ces titres le principal
joyau de leur jeune couronne.

Notre première impression fut celle de l'étonnement, car
nous ne pouvions avoir d'abord la pensée que celui qui entrait
si fièrement dans l'arène des prétentions, n'eut bien quelque
droit fondé que nous pouvions ignorer. Cependant, fort de nos

1862

souvenirs et rassuré par les documents que nous possédions, nous crûmes devoir opposer un démenti sincère à ces prétentions, qui avaient pour nous un caractère singulier, puisque c'était la première fois que nous remarquions qu'il fut permis d'acheter, de gré à gré, le nom d'une famille. Nous croyons pouvoir affirmer que l'on nous citerait difficilement un cas d'un semblable trafic.

Notre première lettre fut insérée dans l'*Echo de Vésone* du 5 octobre dernier, mais non, toutefois, sans subir un retranchement que nous regardions comme très-important. Nous devons constater que là s'arrêta, pour nous, la gracieuseté du journaliste ; il ne nous fut plus possible de faire insérer une réponse, que nous croyions catégorique, à cette lettre d'un beau style, insérée dans l'*Echo* du 11 octobre, mais dont le fond de vérité était loin d'avoir le même mérite. Ce refus d'insertion pouvait blesser notre amour-propre, mais il préparait, à coup sûr, un triomphe pour notre vanité, puisqu'il devait nous amener à produire des documents authentiques que, par inclination particulière, nous eussions préféré laisser dormir dans les archives de la famille.

Néanmoins, nous avouerons que ce n'est pas sans un serrement de cœur que l'on engage une lutte contre quelqu'un qui a le droit du fait accompli.

Cependant une lettre anonyme, menaçante et prétentieuse, qui nous était adressée, le 12 octobre, alors que nous étions innocent de ses accusations, avait déjà fort ébranlé nos résolutions pacifiques.

C'est pour répondre à un sentiment d'honneur, que nous croyons froissé, et pour venger l'injure faite à la mémoire vénérée de nos ancêtres, que nous faisons paraître cet écrit. D'ailleurs, cette charge nous incombait solidairement, puisque Mme de Villantroys, la dernière des Vaucocour, avait recommandé à ses héritiers de poursuivre l'usurpation du nom de sa famille, ce que son père allait entreprendre, lorsque la révolution l'en empêcha. Nous possédons des documents qui en établissent l'exactitude.

O vous, âmes heureuses de nos ancêtres, recevez ce faible

gage de notre foi! Ce bien que vous regardiez comme le plus
sacré, puisqu'il était l'insigne de votre fidélité et de votre vigi-
lance, ces armes que saint Bernard lui-même avait bénies
lorsqu'il réunissait ses preux de la Terre-Sainte, sera pour
nous aussi le mobile de notre courage! Vous ne voulez pas que
ce que vous portiez haut et sans tache, au milieu des infidè-
les, devienne la proie des étrangers! Mais nous avons besoin
de vos prières, car nous luttons contre l'opulence et vous savez
que, dans ce siècle, ses partisans forment d'assez gros ba-
taillons.

II

> « Dans la noblesse ancienne, la dévolution
> » des titres s'opère, de fait, de la ligne directe
> » à la ligne collatérale, et les parents même
> » éloignés, lorsqu'il y a identité de nom, s'ap-
> » proprient le titre d'un parent décédé sans
> » postérité. » (M. le comte de Casabianca,
> rapporteur, séance du Sénat, 17 avril 1861.)

En droit, la propriété s'acquiert de trois manières : 1° par
donation; 2° par hérédité; 3° par obligation ou acquisition. Il
en existe bien une quatrième, fort en vogue depuis quelque
temps, et dont on a enjolivé les termes, mais comme nous
n'avons pour elle qu'une médiocre sympathie, nous la men-
tionnons seulement pour mémoire.

Voyons comment on entend être devenu possesseur du nom
et des titres de la maison de Vaucocour.

Nous ne voulons pas qu'on nous accuse de cacher la lu-
mière. Au contraire, nous la voulons bien éclatante afin d'en
perpétuer le souvenir. Nous allons citer l'article de M. de
Magny, extrait du deuxième volume de son *Nobiliaire universel*,
lequel article nous a été communiqué par une personne de
périgueux, ensuite les deux lettres qui lui servent de com-
plément.

ARTICLE DE M. DE MAGNY.

« Messire Jacques, Charles de Vaucocour, prieur comman-
» dataire de Ste-Onésime de Doncherie, chevalier, seigneur de
» Vaucocour, le Repaire, la Brugère et autres lieux, fils et *seul*
» héritier de messire François, *marquis* de Vaucocour, cheva-
» lier, seigneur desdits lieux, gentilhomme ordinaire près la
» personne du roi, maréchal de ses camps et armées et gou-
» verneur de la ville et château de Thiviers, céda le *marquisat*
» de Vaucocour avec toutes ses dépendances et appartenan-
» ces et *le droit d'en relever le nom et les armes* à (1) Messire
» Jean-Léonard de Gaillard, avocat au parlement de Bor-
» deaux, par contrat du 1ᵉʳ avril 1730. »

Obs. M. de Magny oublie qu'en entrant dans les ordres sa-
crés ou monastiques, tout personnage quelconque devait faire
le sacrifice de ses titres et prérogatives.

LETTRE PUBLIÉE DANS L'*Echo de Vésone* DU 28 SEPTEMBRE 1861.

« Monsieur le rédacteur, je vous aurai la plus grande obli-
» gation de vouloir bien insérer dans le plus prochain numéro
» de votre journal les quelques lignes suivantes, extraites de
» la généalogie de la maison de Gaillard de Vaucocour, publiée
» en 1855, dans le deuxième volume du *Nobiliaire universel,*
» édité par le vicomte de Magny :
« Noble Jean-Léonard de Gaillard, capitoul en la ville de
» Toulouse, en l'an 1759, étant devenu possesseur par contrat,
» en date du 1ᵉʳ avril 1730, de la terre, *marquisat,* seigneurie
» de Vaucocour, *nom, titre et armes de ladite maison de Vauco-*
» *cour, qui s'éteignit en la personne du seigneur abbé de Vaucocour,*
» joignit le nom de Vaucocour au sien et écartela ses armes
» de celles de cette maison ainsi qu'il en avait le droit pour
» lui et ses descendants. (2)

---

(1) Nous le demandons aux jurisconsultes : Si le représentant d'une
branche avait le droit de vendre un nom qui aurait donné le surnom
à une famille, que resterait-il aux autres membres ?

(2) Suivant Laroque, il y avait quatre manières d'acquérir des titres : 1º par la profession des armes; 2º par l'investiture d'un fief de
dignité; 3º par l'exercice d'un grand office; 4º La moins noble de
toutes, moyennant finance. On voit qu'on ne prétend ici qu'à cette
dernière.

» La seigneurie de Vaucocour, sise en la ville de Thiviers,
» relevait du roi à cause de sa vicomté de Limoges. Noble Jean
» de Gaillard, seigneur de Vaucocour, Lage, Fontalaud, en
» partie de la ville de Thiviers, rendit foi et hommage au roi,
» le 8 octobre 1743.

   » Recevez, etc.

      » DE GAILLARD *de Vaucocour*, née DE SAILLAN. »

Obs. Est-il permis d'invoquer un titre dont on a commandé
l'insertion?

Enfin, voici le chef-d'œuvre qui doit couronner l'édifice et
que l'on croit avoir rendu à l'épreuve de toutes les attaques :

      « Château de Puydemeux, le 11 octobre 1861.

» Monsieur le rédacteur, permettez-moi de venir réclamer
» de votre obligeance de vouloir bien faire insérer dans le plus
» prochain numéro de votre journal, encore un article sur la
» maison de Vaucocour. Ce sera le dernier, car, avant peu,
» la vérité, dont je suis l'organe, sera prouvée d'une manière
» à ne plus être contestée. (1)
» En 1527, la noble maison de Vaucocour était divisée en
» trois branches, qui se sont éteintes ainsi qu'il suit :
» 1° La branche aînée en 1530, en la personne de messire
» Charles, Jacques de Vaucocour, etc., fils et *seul* héritier de
» messire François, *marquis* de Vaucocour ; 2° la branche ca-
» dette en 1680, en la personne de Gaston de Vaucocour, fils
» cadet de Henri de Vaucocour et de *la marquise* de Milhac ;
» 3° la troisième branche formée par la descendance de Jean
» de Vaucocour et de la marquise de Milhac et appelée la
» branche d'Allemans et de La Roche, s'est éteinte dans le cou-
» rant du xviiie siècle.
» Il ne resterait donc plus qu'à rayer ce nom du *Nobiliaire*
» de France, si la famille de Gaillard n'avait acquis et reçu no-
» blement le droit de relever le nom, les armes et les titres
» de la maison de Vaucocour, et de les soutenir contre toute
» attaque. Elle ne faillira pas à sa mission, etc. »

Quand on se prononce aussi carrément pour faire croire,
quoi? que l'on a acheté les titres ainsi que le nom d'une famille,
il faut être bien fondé ou bien téméraire. Hélas! nous allons dé-
montrer que l'on n'a été que téméraire.

---

(1) Cette promesse est restée sans effet, et, au moindre avis que
nous donnions suite à nos protestations, cette fière assurance chance-
lait et allait en référer à M. de Magny.

III

> « Le nom patronymique ne peut appartenir
> » à une branche de la famille à l'exclusion
> » d'une autre branche. » (Décision de la cour
> impériale de Paris. — Décembre 1861.)

Le simple raisonnement et l'invocation des principes qui découlent de nos lois, pourraient nous suffire pour détruire ce trophée élevé, avec tant de peine, à la vanité humaine, mais le public, peut-être, ne nous tiendrait pas compte de nos moyens de déduction ; il pourrait prendre notre héroïsme pour de la faiblesse.

Nous irons bien plus sûrement au but, puisqu'on nous y force, et nous dirons :

L'article inséré dans le deuxième volume du *Nobiliaire* de M. de Magny, ainsi que les deux lettres qui lui servent de corollaire, ne mentionnent que des faits radicalement faux :

1° Le nom et les titres de la noble famille de Vaucocour, sur laquelle on a voulu s'enter, n'ont jamais subi l'humiliation d'une vente de la part d'un membre de cette maison.

2° L'abbé Jacques Charles de Vaucocour, que l'on cite comme cessionnaire des susdits nom et titres, était mort un an avant la vente de ses biens. Par conséquent, il ne pouvait rien céder personnellement.

3° La seigneurie de Vaucocour n'était point un marquisat. (Le père de l'abbé n'était que baron de Chaunay.)

4° Ce qu'on possède du susdit abbé a été vendu sur enchères publiques et pas plus alors qu'aujourd'hui, le nom patronymique et titres revenant aux collatéraux n'ont été acquis avec la nue-propriété.

5° Il n'y a jamais eu de marquise de Milhac, comme épouse de Henri de Vaucocour, mais Marquesse de Milhac.

6° La famille de Vaucocour, qu'on fait disparaître en 1730, ne s'éteignit qu'au milieu du XIXe siècle.

7° Enfin le titre de marquis n'a jamais été conféré à d'autre qu'à Marc de Vaucocour, notre grand-oncle, lequel en a été qualifié personnellement par le prince de Condé, pendant l'émigration, et par le duc de Berry.

Nous affirmons ces sept propositions, et si quelqu'un doutait de notre sincérité, nous le prierions de s'adresser aux différentes sources que nous allons produire, ou d'accepter un enjeu de 10,000 francs, au profit d'une bonne œuvre, lequel enjeu, toutefois, devra être déposé.

IV

PIÈCES JUSTIFIANT NOS SEPT PROPOSITIONS.

> Se croire un personnage, est fort commun en France :
> On y fait l'homme d'importance.
>
> (LAFONTAINE. Fabl. XV. Livre VIII.)

I

Extrait du registre des actes de décès de la paroisse de Saint-Eustache de Paris, pour l'année 1729.

« Le mardy douxième avril mil sept cent ving-neuf, M^{re}
« Jacques Charles de Vaucocourt, clerc du diocèse de Péri-
« gueux, prieur de Donchery, diocèse de Rheims et de Saint-
« Nicolas-de-Bar-sur-Aube, âgé de quatre-vingts ans, ou
« environ, demeurant rue des bons enfants, décédé du onze du
« présent mois, a été inhumé dans notre Eglise en présence de
« Messire Jean, Antoine, Ranchin, greffier en chef des conseils
« du Roy et doyen de Messieurs les secrétaires du Roy, et de

« Mre Antoine Gromenil, conseiller du Roy, greffier du conseil.

Signé Ranchin et Gromenil (1). »

Pour extrait conforme.

Paris le 15 Janvier 1862.

Le secrétaire général de la Préfecture de la Seine :

Ley.

2

VENTE DE LA TERRE ET SEIGNEURIE DE VAUCOCOUR EN 1730.

Extrait des minutes de Me Godefroy, successeur de Me Melin, notaire au Chatelet de Paris, représenté aujourd'hui par Me Chatelain, rue Notre-Dame-de-Lorette, 15.

« Furent présents Messire Jean, Antoine Ranchin, conseiller
« du Roy, en ses conseils, secrétaire ordinaire du conseil des
« finances de sa Majesté, et Messire François, Charles Ranchin de
« Montaran, chevalier, capitaine aux gardes françaises, demeu-
« rant ensemblement rue des Petits-Champs, paroisse de Saint-
« Eustache, les dits sieurs Ranchin héritiers (2), chacun pour
« un tiers, de *feu Messire Jacques Charles de Vaucocour*, abbé,
« chevalier, seigneur du dit lieu et autres lieux , leur cousin
« germain, prieur des prieurés de Bar–sur-Aube , et de Don-
« chon, et encore le dit sieur Jean Antoine au nom, et comme
« procureur de haute et puissante dame Marie, Madeleine ,
« Françoise, Gabrielle des Tancheau, veuve de haut et puissant
« seigneur. Messire Philippe, Gaspard de Castille , chevalier
« marquis de Chenoise, baron de Troissy , vicomte de Nesle ,

---

(1) Cette pièce prouve surabondamment que l'abbé Jacques, Charles de Vaucocour n'a paru dans aucun acte en 1730. Là est l'argument sans réplique de la principale question.

(2) Les Ranchin étaient parents des Vaucocour, parce que Angéli-
que de Savourny, leur mère, était sœur de Madame de Vaucocour,
mère de l'abbé. Ce qui prouve qu'ils ne pouvaient eux-mêmes porter
le nom de Vaucocour , et, par conséquent, le vendre.

« maire de Troye, mestre des camps de cavalerie et lieutenant
« du roy, au gouvernement de Champ gne et Brie, tutrice de
« damoiselle Charlotte, Gabrielle, âgée de onze ans et demi,
« Louise, Marguerite, âgée de dix ans et demy, et Marie, Ma-
« deleine, Charlotte de Castille de Chenoise, âgée de sept ans,
« ses enfants mineurs et du susdit feu seigneur son époux, etc.

« Les dites damoiselles mineures, seules héritières, chacune
« pour un quart, de feue haute et puissante dame Marguerite
« Ranchin, leur aïeule paternelle, veuve de haut et puissant
« seigneur Messire Alphonse de Castille, chevalier, marquis de
« Chenoise, laquelle était héritière pour un pareil tiers du dit
« *feu seigneur abbé de Vaucocour*, aussi son cousin germain (suit
« la mention des procurations, sentences et publications à l'effet
« de la dite vente) (1).

« Ensuite desquelles sentences est le certificat de maître
« Jean Vieux, greffier de la ville et prévoté de Thiviers, du 27
« mars, portant que lors des publications de *l'enchère de la dite*
« *terre* à la somme de vingt-cinq mille livres, conformément au
« dit procès-verbal d'estimation, il ne s'était trouvé aucun en-
« chérisseur, lesquelles sentences d'avis des parents, etc.......
« ensemble les affiches, publications et remises, faisant le
« nombre de neuf pièces, sont demeurées cy annexées après
« que les dites sentences, rendues au baillage du marquisat de
« Chenoise, affiches, publications et remises, ont été signées et
« paraphées dudit sieur Ranchin, sieur du Couclet, à la réqui-
« sition des dits notaires soussignés.

« Lesquels sieurs Ranchin ès dits noms et qualités et consé-
« quence de la dite sentence et des dits procès-verbaux de pri-
« sée et d'estimation, d'oppositions d'affiches, publications,
« etc, ont par ces présentes vendu, ceddé, quitté, transporté
« et délaissé dès maintenant et à toujours, et promis solidaire-
« ment l'un pour l'autre, un d'eux seul pour le tout, sans di-
« vision, discussion, ni fide jussion, renonçant aux bénéfices et

---

(1) A cause de la minorité des quatre filles du marquis de Chenoise,
les propriétés de l'abbé de Vaucocour ne pouvaient être vendues que
sur enchères.

« exceptions des dits droits, garantir de tout trouble, dons
« douaires, dettes hypothéquées, évictions, substitutions, alié-
« nations, et autres empêchements généralement quelconques
« à maître *Jean-Léonard Gaillard*, avocat au parlement de
« Bordeaux, habitant de la ville de Thiviers, en Périgord, est
« accepté pour lui par sieur Louis Trudon, bourgeois de Paris,
« demeurant rue Saint-Antoine, paroisse Saint-Paul, pour
« ce présent, et au nom et comme procureur fondé de sa
« procuration spéciale passée devant Messire Melin, l'un
« des notaires soussignés et son confrère le vingt-trois fé-
« vrier dernier, dont le brévet original duement scellé est
« pareillement demeuré cy annexé, le dit sieur Trudon acqué-
« reur pour le dit sieur *Gaillard*, ses hoirs, et ayant cause la
« *terre et la seigneurie de Vaucocourt*, relevant en plein fief du
« Roy, située en la ville de Thiviers, pays de Périgord, con-
« sistant dans le château, jardin et préclotures du dit château,
« maison des fours, etc, (suit la mention de tout ce qui dépend
« de la terre et seigneurie de Vaucocour.)
» Fait et passé à Paris, l'an mil sept cent trente, le premier
« jour d'avril, avant midy, et ont signé ces présentes sujettes
« à l'insinuation. Ainsi signé, Ranchin, Ranchin de Montaran,
« Trudon avec Viellart et Melin, notaires, avec paraphe (1).
« L'an mil sept cent quatre vingt-six, le vingt six avril, ces
« présentes ont été expédiées et collationnées par les conseillers
« du Roy, notaires au Chatelet de Paris, soussignés, sur la mi-
« nute du dit contrat de vente, étant en la possession de maître
« Godefroy, l'un des notaires soussignés, comme subrogé aux
« offices et pratique du dit maître Melin, cy devant notaire. »
« Scellé et signé : Godefroy, Gonard. »

3

Extrait des archives du capitole de Toulouse.

On voit dans les archives du capitole de Toulouse que Jean-

---

(1) Impossible de découvrir ici la vente d'un marquisat, ni celle du
titre de marquis et des armes.

Léonard Gaillard, fut reçu au Capitoulat en 1759. Son nom Léonard Gaillard, y figure sans l'ornement du surnom de Vaucocour (1).

A

Extrait des titres manuscrits de la bibliothèque Impériale.

« M. de Vaucocour n'a d'autres titres de sa maison,
» avant la séparation de sa branche, qu'un procès verbal ju-
» ridique qu'en fit faire, en 1630, François de Vaucocour,
» mort maréchal des camps et armées du Roi, représentant
» alors la branche aînée. Toutes ses recherches à cet égard ont
» été inutiles. Ce n'était qu'au château de Vaucocour ou ces
» titres devaient être demeurés, qu'il aurait pu les trouver; et
» il est possédé, à présent, par les anciens fermiers ou régis-
» seurs, qui acquirent le dit château et possessions par le dé-
» cret qui fut fait à la dite époque de l'extinction de la bran-
» che aînée. Les dits possesseurs n'ont voulu donner à M. de
» Vaucocour pas un titre, ayant projeté de s'enter sur cette
» maison. Ils en prennent les armes, à ce qu'on assure, et
» M. de Vaucocour est en même de leur intenter procès à
» cette fin (2). »

B

Extrait du testament de Henri de Vaucocour de l'an 1555.
Signé : REYNIER.

Il déclare s'être marié à noble Marquesse (3) de Millac en l'an 1533 devant Devalle notaire royal et avoir engendré Charles Jean, autre Jean et Gaston, Marquesse Françoise de Vaucocour.

---

(1) Donc s'il n'en prenait pas encore le nom, c'est qu'il pensait ne l'avoir pas acheté.

Un noble ou roturier devait hommage au roi s'il possédait un fief dans une juridiction royale, et c'était à cause du fief qu'était dû l'hommage, et non à cause du propriétaire de la seigneurie ou fief.

(2) Il avait commencé ses démarches. La preuve en est dans la levée du titre précédent en 1786 et dans un mémoire que nous possédons. La révolution ne lui permit pas de donner suite à son projet,

(3) Marquesse était, ici, un prénom, et non un titre.

6

« Nous Louis Joseph de Bourbon, prince de Condé, prince du sang, pair et grand maître de France, colonel général de l'Infanterie française et étrangère, Duc de Guise, etc., etc. Commandant en chef par les ordres du Roi, une division de la noblesse et de l'armée française. »

« Certifions que M. Marc marquis de Vaucocour, gen-
» tilhomme français de la province du Périgord, chevalier de
» l'ordre militaire de Saint-Louis, ci-devant capitaine com-
» mandant les chasseurs du régiment d'Angoumois, colonel
ɪ général d'infanterie, a fait sous nos ordres les campagnes de
» 1792, 93, 94, 95, 96, et 97. Jusqu'à ce jour, la première,
» comme cavalier noble dans les compagnies de gentilshommes
ʟ commandées par le marquis de Saint-Clair, les autres comme
ɪ sous lieutenant dans le premier escadron de la première
» division, et ensuite dans le premier régiment de la cavalerie
» noble ; qu'il s'est trouvé à toutes les affaires de la campagne
» de 1794, nommément à celles des 20 et 21 août, 12 septem-
» bre, 13 octobre, 2 et 8 décembre ; qu'il a été également aux
» actions de la campagne de 1796, ou la cavalerie a été em-
» ployée ; qu'il s'est conduit avec honneur, ne donnant que de
ʟ bons exemples, et se distinguant par son zèle, son courage et
» sa bonne volonté.

» En foi de quoi nous lui avons fait expédier le présent cer-
» tificat signé de notre main, contresigné par le secrétaire de
» nos commandements, et auquel nous avons fait apposer le
» sceau de nos armes.

» Fait à notre quartier général de Uberlingen, le 28 septem-
» bre 1797. »

HENRI JOSEPH DE BOURBON.

Par S. A. S. Monseigneur :

DROUIN.

7

« Nous, Charles Ferdinand, duc de Berry, petit-fils de

France, grand prieur de l'ordre de Saint-Jean de Jérusa-
lem, au grand prieuré de France, chef du régiment noble
à cheval de notre nom, etc.

« Certifions que M. Marc, marquis de Vaucocour, gen-
» tilhomme de la province du Périgord, colonel au service de
» sa Majesté le Roy de France, chevalier de l'ordre royal et
» militaire de Saint-Louis, a fait dans la cavalerie noble, du
» corps de Condé, comme cavalier noble, la campagne de 1792,
» et comme officier celles de 1793, 94, 95, 96, 97, 99, 1800 et
» 1801. Qu'il s'est trouvé à toutes les affaires, et qu'il a tou-
» jours servi avec honneur et distinction comme un digne et
» loyal gentilhomme. Certifié. — Nous lui donnons avec plaisir
» une marque de notre satisfaction pour le zèle et le dévoue-
» ment dont il n'a cessé de donner des preuves, tant que le
» corps a été sous nos ordres et depuis qu'il a passé sous ceux
» du duc d'Angoulême, notre frère. »

« En foi de quoi nous lui avons fait expédier le présent
» certificat que nous avons signé de notre main et auquel nous
» avons fait apposer les sceaux de nos armes. Fait à Rein en
» Stirie, le 13 février 1801. »

CHARLES FERDINAND.

❧

Extrait du testament de Madame de Villantroys, née de Vaucocour,
(l'original déposé au tribunal de Tours.)

« Je nomme M. le baron Auvray et M. le comte de Trélo,
» capitaine d'état major, mes exécuteurs testamentaires.
» Je donne, etc.
» Je donne la propriété de Villemarchais à mes parents du
» coté de mon père, descendants de ses quatre sœurs et de ses
» deux cousines Mlles de Vaucocour. On les recherchera au dé-
» partement de la Dordogne (1). Je donne à M. du Mas des

<hr>

(1) Toutes les recherches ont été faites et n'ont abouti qu'aux fa-

» Bourbous mes papiers de famille et mon cachet armoirié,etc.

» Fait et écrit de ma main. Je suis née le 12 juin 1778, au
» château de Laroche ; baptisée le lendemain de ma naissance,
» paroisse de Saint-Martin l'Astier, en Périgord.

» A Tours le 7 mai 1846 (1).

» DE VILLANTROYS née DE VAUCOCOUR. »

V

> « Il y a un rocher immobile : la puissance,
> » les richesses, la violence, la flatterie, l'auto-
> » rité, la faveur, ne l'ébranlent pas : c'est le
> » public. »   (LA BRUYÈRE. Chap. XII.)

En présence de documents si explicites, nous laissons au
public le soin d'en tirer les conclusions. Il a vu que les généa-
logistes ne sont pas toujours infaillibles. Nous ne contestons
nullement, les quatre générations de G.... ni leur honorabilité.
Ce que nous attaquons, c'est l'absurdité d'une vente de noms
et de titres, car, à aucune époque, les lois n'auraient toléré un
semblable marché. Ainsi, une ordonnance royale, enregistrée
au parlement, en 1700, punit d'une amende de cent florins
*ceux qui auront usurpé les noms des fiefs et terres qu'ils possèdent,
et dont le nom a donné le surnom à une famille noble.* L'article 259
du Code pénal indique suffisamment que ces principes n'ont reçu
aucun changement (2).

---

milles du Mas, Bordier de la Rue, du Chambon de Lissac, de Froi-
defond de Boulazac, Foulcon de la Borie, et de Jammes du Mourier;
mais point aux prétendus possesseurs du nom et des titres de cette
famille.

(1) Voilà une Vaucocour qui signe son testament plus de 100 ans
après l'hécatombe qu'en fait la lettre du 11 octobre.

(2) M. Magny prétend que plusieurs familles du Périgord ont ajouté
à leur nom celui de leur terre. Je réponds qu'elles en avaient le droit,
pourvu que ces terres n'aient pas donné le nom patronymique d'une
famille noble, comme c'est ici le cas.

Nous en appelons à tous ceux qui portent un nom honorable : qu'ils nous disent s'ils laisseraient sans réponse une injurieuse attaque à l'adresse de leurs aïeux. Serions-nous digne de représenter la maison de Vaucocour, si nous ne protestions énergiquement contre l'outrage qu'on voudrait lui faire avec la pensée que personne ne se lèvera pour la défendre?

Loin de nous la pensée de la moindre insinuation en dehors de notre revendication. De grandes vertus privées peuvent faire contre-poids à des prétentions malheureuses. La cime audacieuse des chênes produit quelquefois de doux ombrages ; nous aimerions à y convier les heureux du monde, si ces grands arbres consentaient au sacrifice volontaire des branches nuageuses qui les exposent aux tempêtes. Mais pourrions-nous espérer ce qui coûte le plus à l'amour-propre?....

Sigoulès, le 17 février 1862.

DE JAMMES DUMOURIEZ.

Pendant que s'imprime notre mémoire paraît dans l'*Echo de Vésone* une deuxième lettre de M. de Magny, qu'on prétend nous être adressée, non toutefois sans tronquer notre nom. Les raisons très puériles qu'on y donne se trouvant réfutées d'avance dans notre écrit ,nous ne nous arrêterons pas à en discuter la faiblesse. En vérité, il faut qu'on nous prenne pour des Béotiens lorsqu'on veut nous persuader que les descendants d'une famille auraient moins de droits à en prendre le nom que les acquéreurs de ses biens. Ne voit-on pas tous les jours des familles obtenir d'ajouter les noms maternels à celui de leur père ?

Cependant, après avoir relevé une erreur nouvelle, à savoir: que les deux Vaucocour, le vrai et le faux, n'ont jamais voté côte à côte aux états-généraux de la noblesse, ni accolé leur signature dans le même procès-verbal (*Voir les Etats du Périgord aux archives de la Préfecture*), nous constatons que dans cette lettre on nous abandonne le titre de Marquis. Ce fait est important. Nous en savons gré au généalogiste.

Quant aux menaces qui terminent la lettre, nous n'en sommes pas ému. Comme c'est toujours l'argument des mauvaises causes, nous le renvoyons à qui de droit. On verra que nous procédons bien différemment.

Enfin, pour l'édification complète du lecteur sur ces sortes de causes, nous le prions de lire le réquisitoire de M. le procureur général Dupin (voir le *Moniteur* des 17 et 19 février dernier), ainsi que l'arrêt de la cour suprême lui faisant suite. Cet arrêt rejette le pourvoi de deux personnages condamnés, l'un pour avoir pris un nom de propriété, l'autre le titre de comte.

Périgueux, impr. A. Boucharie, rue Aubergerie, 17.

www.ingramcontent.com/pod-product-compliance
Lightning Source LLC
Chambersburg PA
CBHW051447060726
47596CB00006B/2663